Impressum
Verlag: BABADADA GmbH, Nedderfeld 112 , 22529 Hamburg
Geschäftsführer / Verlagsleitung: Harald Hof
Druck: Books on Demand GmbH, In de Tarpen 42, 22848 Norderstedt

Imprint
Publisher: BABADADA GmbH, Nedderfeld 112 , 22529 Hamburg, Germany
Managing Director / Publishing direction: Harald Hof
Print: Books on Demand GmbH, In de Tarpen 42, 22848 Norderstedt

škola
escola

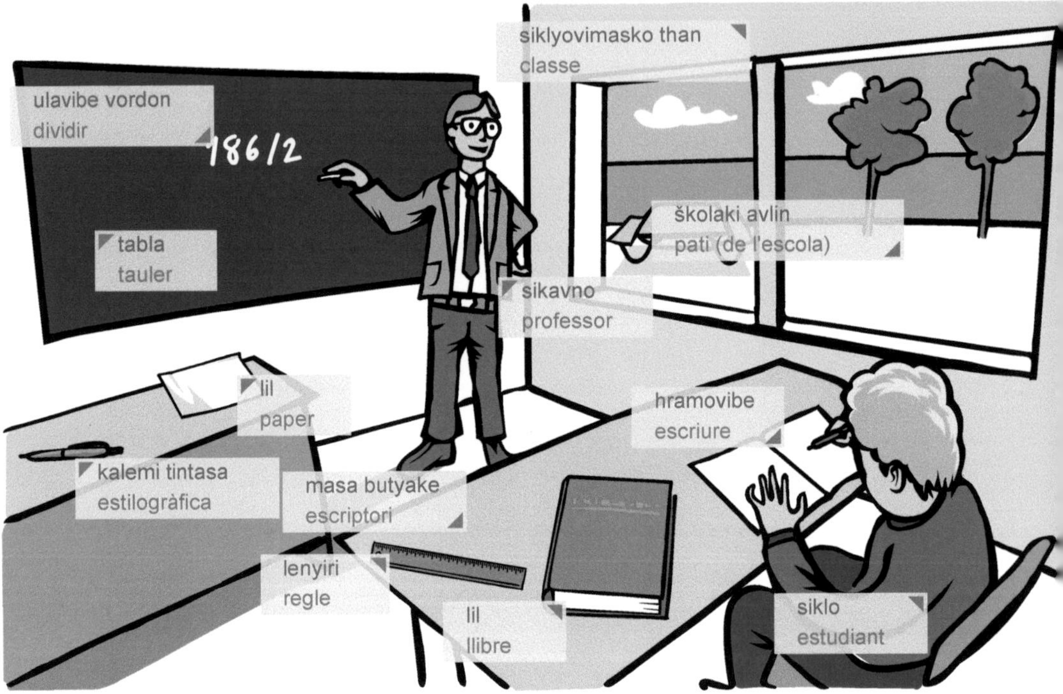

siklyovimasko than
classe
ulavibe vordon
dividir
186/2
tabla
tauler
školaki avlin
pati (de l'escola)
sikavno
professor
lil
paper
hramovibe
escriure
kalemi tintasa
estilogràfica
masa butyake
escriptori
lenyiri
regle
lil
llibre
siklo
estudiant

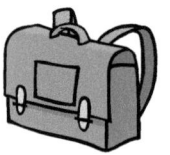

dumeski tašna

bossa

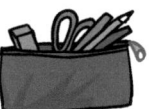

kalemengi kutia

estoig

kalemi

llapis

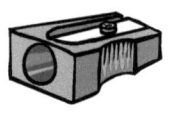

kalemengi čhurori

maquineta de fer punta

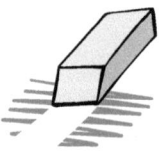

kosimaski guma

goma

čitrimasko bloko

bloc de dibuix

čitribe

dibuix

boyimaski frča

pinzell

boyimaski kutia

capsa de pintures

kata

tisores

lepako

cola

bukjardarimasko lil

quadern d'exercicis

khereski buti

deures

gendo

nombre

džide

afegir

ikal

sostreure

multiplicirin

multiplicar

kalkulirin

calcular

hramome lil

lletra

alfabeta

alfabet

lafo

mot

teksti

text

drabaribe

llegir

kreda

guix

lekciya

lliçó

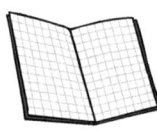

Klasesko registro

llibre de classe

egzameni

examen

sertifikato

certificat

školaki uniforma

uniforme escolar

edukacia

formació

enciklopedia

enciclopèdia

univerziteto

universitat

mikroskopo

microscopi

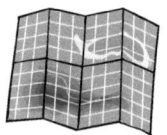

mapa

mapa

korpa čhudimaske lila

paperera

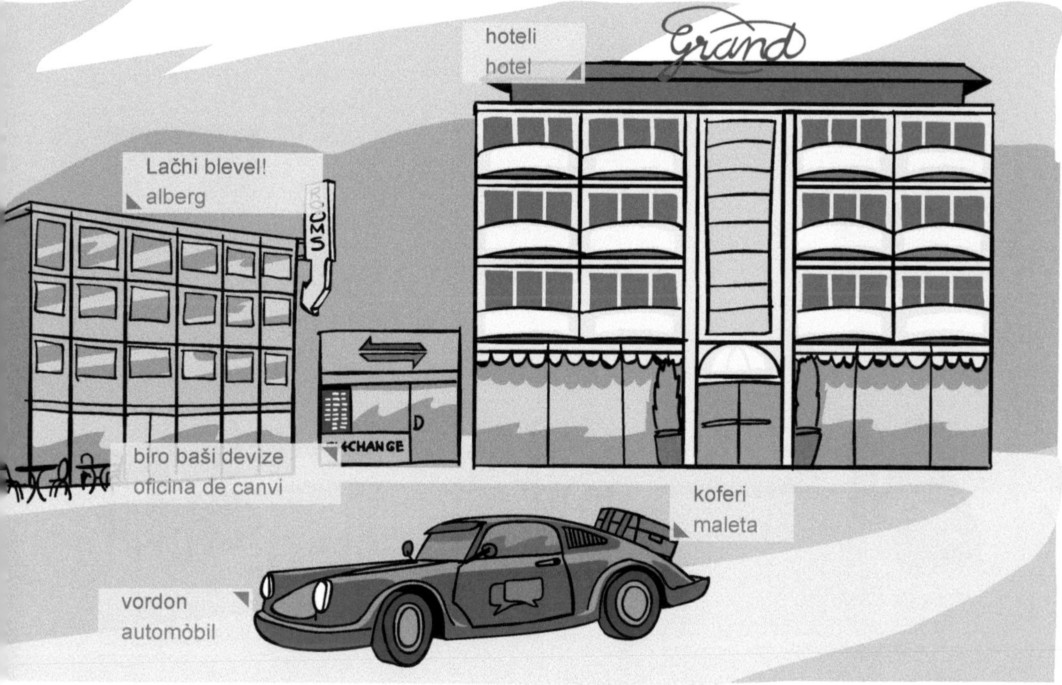

hoteli
hotel
Grand
Lačhi blevel!
alberg
ROOMS
CHANGE
biro baši devize
oficina de canvi
koferi
maleta
vordon
automòbil

ćhib

llengua

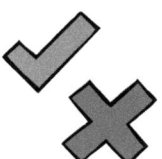

va / na

sí / no

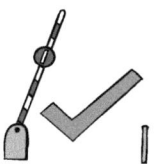

Okay

D'acord

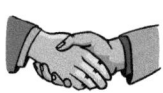

Namaste

Ey!

tumači

traductora

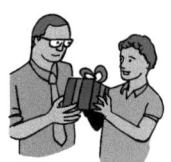

Ov sasto

gràcies

Kozom si...?

Quant costa... ?

Na havava

No entenc

problemo

problema

Lačhi rat!

Bona nit!

Lačhi javin!

bon dia!

Lačhi rat!

bona nit!

ačhon Devlesa

fins aviat

dromeski sikavin

direcció

bagaži

bagatge

gono

bossa

dumesko gono

sarrona

misafiri

convidat

kamara

cambra

sovimasko gono

sac de dormir

cerha

tenda

turistikani informacia

oficina de turisme

plaža

platja

kreditno kartica

carta de crèdit

javinako habe

esmorzar

kušluko

dinar

ratyako habe

sopar

karta

bitllet

elevatori

ascensor

marka

segell

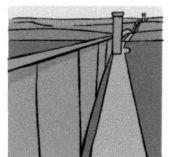

simantra

frontera

adetia

duana

ambasada

ambaixada

viza

visat

pašaporti

passaport

transporti
transport

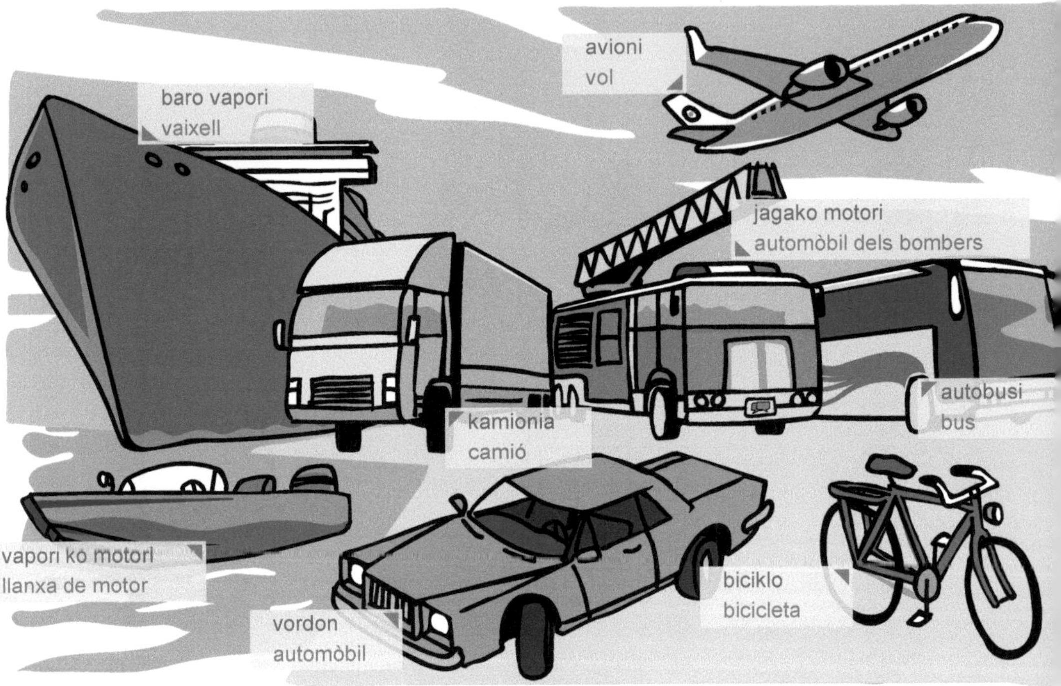
avioni
vol
baro vapori
vaixell
jagako motori
automòbil dels bombers
autobusi
bus
kamionia
camió
vapori ko motori
llanxa de motor
biciklo
bicicleta
vordon
automòbil

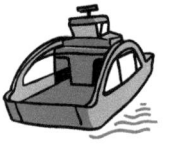

feri vapori

transbordador

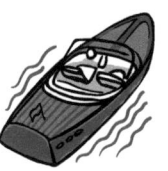

vapori

barca

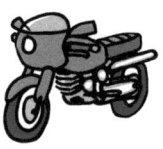

motorciklo

moto

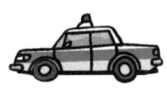

policiako vordon

automòbil de policia

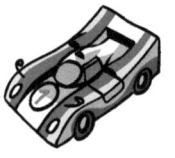

prastamasko vordon

automòbil de curses

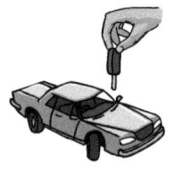

rentakar

automòbil de lloguer

ulavibe vordon

vehicle compartit

rumosardo kamioni

grua

kamionengo than

camió de les escombraries

motori

motor

petroli

benzina

petrolesko stasioni

benzineria

trafikoskere išaretia

senyal de trànsit

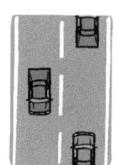

trafiko

trànsit

baro trafiko

embús

ordonesko parkirimasko
than

aparcament

pampurengo stasioni

estació de trens

kamionia

vies

pampuri

tren

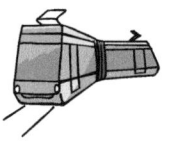

tramvaj

tramvia

vagoni

vagó

helikopteri

helicòpter

aeroporti

aeroport

kula

torre

dromarutno

passatger

kontejneri

contenidor

kartoni

capsa de cartó

vordonoro

carretó

sevli

cistella

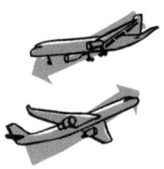

urjalipasko starto /
urjalipasko agor

enlairar-se / aterrar

diz

ciutat

gav

poble

dizyako centro

centre de la ciutat

kher

casa

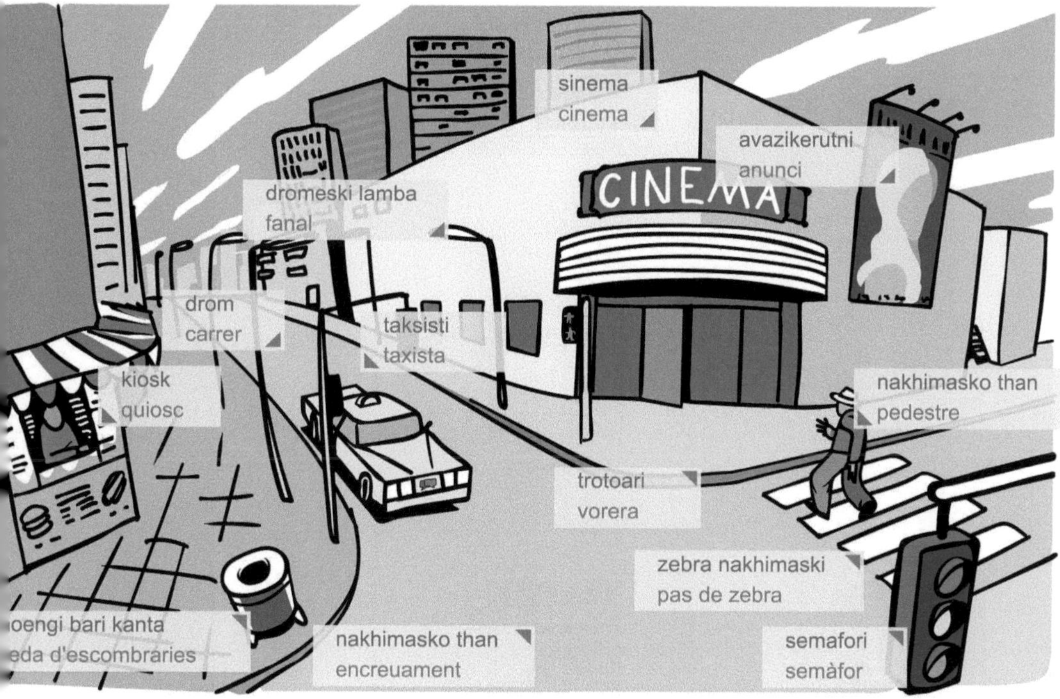

sinema
cinema

avazikerutni
anunci

dromeski lamba
fanal

CINEMA

drom
carrer

taksisti
taxista

nakhimasko than
pedestre

kiosk
quiosc

trotoari
vorera

zebra nakhimaski
pas de zebra

oengi bari kanta
eda d'escombraries

nakhimasko than
encreuament

semafori
semàfor

koliba
cabana

apartmani
apartament

pampurengo stasioni
estació de trens

dizyaki sala
casa de la vila-ciutat

muzeji
museu

škola
escola

univerziteto

universitat

banka

banca

hospitalo

hospital

hoteli

hotel

apoteka

farmàcia

ofiso

oficina

lil bikinimasko than

llibreria

dukyano

botiga

lulugengo bikinutno

floristeria

supermarket

supermercat

kurko

mercat

baro bikinimasko kher

gran magatzem

mačhengo astarutno

peixateria

kinimasko centro

centre comercial

vaporengo ačhovimasko than

port

parko
parc

klupa
banc

purt
pont

merdevenya
escala

metro stasioni
metro

tuneli
túnel

autobuseski adžikerin
parada d'autobús

bar
bar

restorani
restaurant

poštako mohto
bústia de correu

dromesko išareti
senyal indicador

parking than
parquímetre

zoo
zoo

nangyovimasko bazeni
piscina

džamiya
mesquita

farma

granja

melalipe

pol·lució

limorengo than

cementiri

khangeri

església

khelimasko than

parc infantil

hramo

temple

pejzaži

paisatge

patrin
fulla

išareti
cartell indicador

drom
camí

livazin
prat

phiravno
excursionista

bar
pedra

kašt
arbre

len
riu

čar
gespa

luludi
flor

harno than
vall

bairi
muntanya

devrijal
llac

veš
bosc

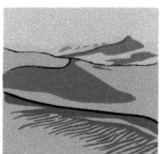

mulano than
desert

vulkano
volcà

saraji
castell

renkali badalin
arc de Sant Martí

gaba
bolet

palma kašt
palmera

sivrija
moscard

mak
mosca

karandža
formiga

birumni
abella

pauko
aranya

buba

escarabat

žamba

granota

ververica

esquirol

kanzauri

eriçó

šošoj

llebre

buf

òliba

pakšin

ocell

lebedi

cigne

bali

senglar

eleno

cervo

eleno

ant

pani garavin

presa

bavlalaki turbina

turbina

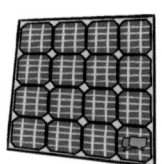

solarno paneli

panell solar

klima

clima

restorani
restaurant

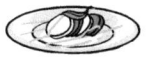

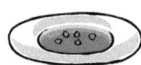

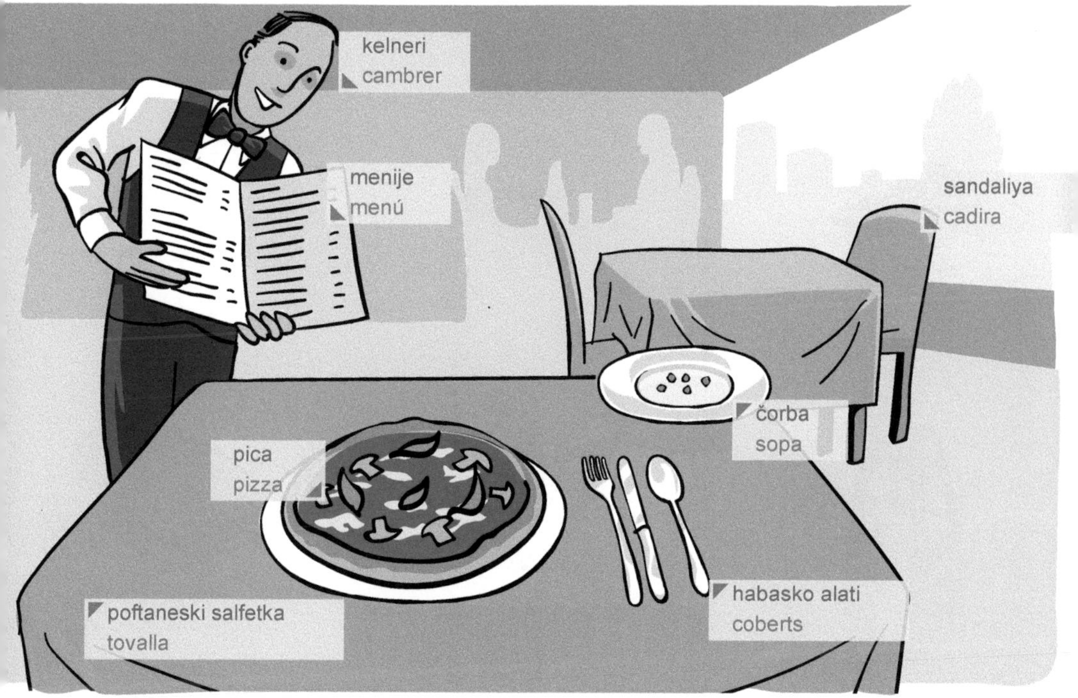

kelneri
cambrer
menije
menú
sandaliya
cadira
čorba
sopa
pica
pizza
poftaneski salfetka
tovalla
habasko alati
coberts

avgo habe
primer plat

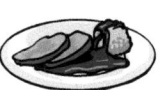

šerutno habe
plat principal

gudlimata
darreries

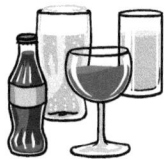

piiba
begudes

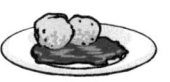

habe
menjar

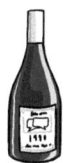

šiša
ampolla

fast food

menjar ràpid

sokakongo habe

menjar de carrer

čajniko

tetera

šekereskoro čaroro

sucrer

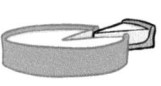

porcia

porció

makina vaš espresso

màquina d'espresso

uči sandaliya

trona

esapi

factura

apladiya

plata

čhuri

ganivet

vilyuška

forqueta

roj

cullera

čajeski roj

cullereta

salfetka

tovalló

tahtai

got

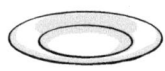

čaro

plat

čaro čorbake

plat de sopa

hor čaro

plateret

sosi

salsa

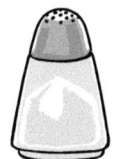

londesko čaroro

saler

kale biberesko pišlo

molinet de pebre

šut

vinagre

zejtini

oli

začinia

espècies

kečap

quètxup

senf

mostassa

majonezi

maionesa

supermarket
supermercat

specialno oferta
oferta especial
FOR
mušteriya
client
thudeske butya
productes lactis
emiši
fruites
vordonoro
carret de la compra

BUTCHERS

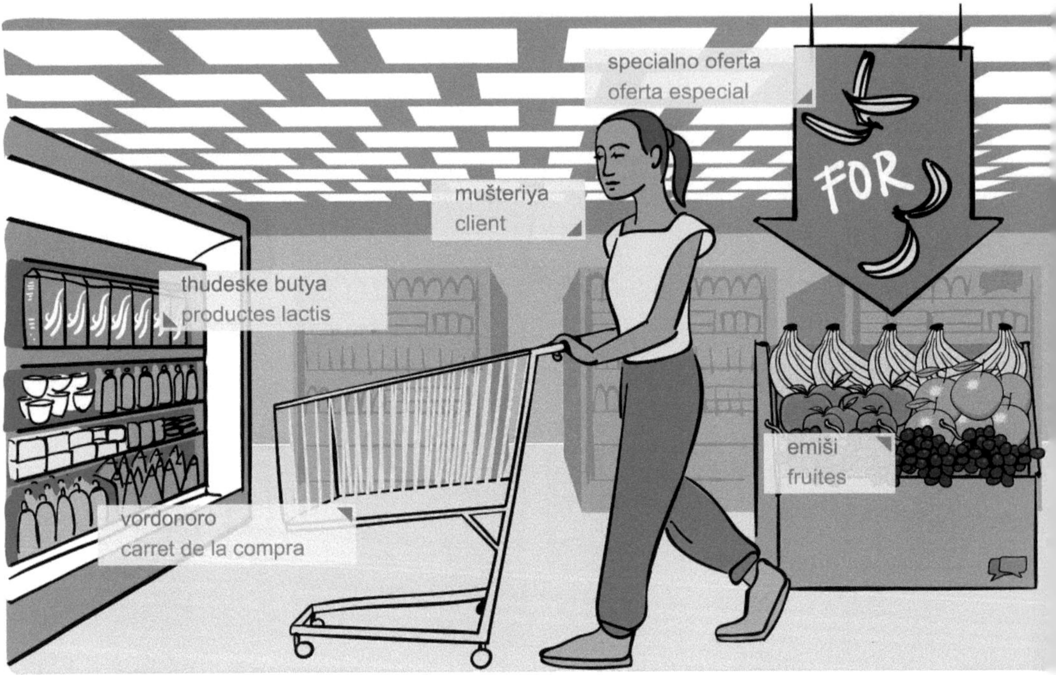

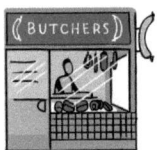

kasapi

carnisseria

BAKERY

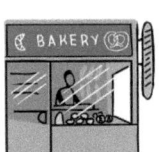

furuna

forn de pa

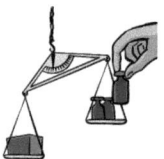

ladavipe

pesar

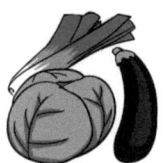

zarzavati

verdures

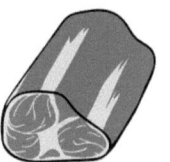

masesko rolati

carn

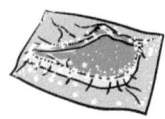

pahome habe

menjar congelat

šudro mas

carn freda

konzerva

conserves

thovimasko prašako

detergent en pols

gudlimata

dolços

khereske butya

articles domèstics

užarimaske butya

productes de neteja

bikinutno

venedora

kasapi

caixa registradora

kasieri

caixera

kinimaski patrin

llista de la compra

putarimaske satura

horari d'obertura

lovengi tašna

portamonedes

kreditno kartica

carta de crèdit

gono

bossa

plastikano gono

bossa de plàstic

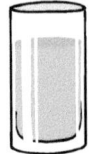

pani

aigua

džus

suc

thud

llet

kola

coca-cola

mol

vi

bira

cervesa

alkohol

alcohol

kakao

cacau

čaj

te

kafa

cafè

espresso

espresso

cappuccino

cappuccino

banana

banana

phabaj

poma

portokali

taronja

kavuni

síndria

limoni

llimona

karota

pastanaga

sir

all

bambusi

bambú

purum

ceba

gaba

bolet

akhora

avellanes

humereske butya

fideus

špageti

espaguetis

rezo

arròs

salata

amanida

čipsi

patates fregides

peke kompiria

patates fregides

pica

pizza

hamburger

hamburguesa

sendviči

entrepà

kotletı

escalopa

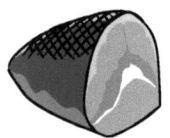

žamboni

cuixot

salama

salami

goja

salsitxa

khajnako mas

pollastre

peko

rostit

mačho

peix

popara

flocs de civada

musli

musli

kornfleks

cereals

varo

farina

kroasani

croissant

masesko rolati

panet

maro

pa

tosti

torrada

biskotia

bescuits

puteri

mantega

urda

mató

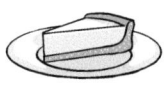

torta

pastís

jaro

ou

peke jare

ou fregit

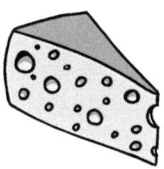

kiral

formatge

šudro gudlo

gelat

šekeri

sucre

avgin

mel

džem

melmelada

čokoladaki krema

crema de xocolata

kari

curri

farma
granja

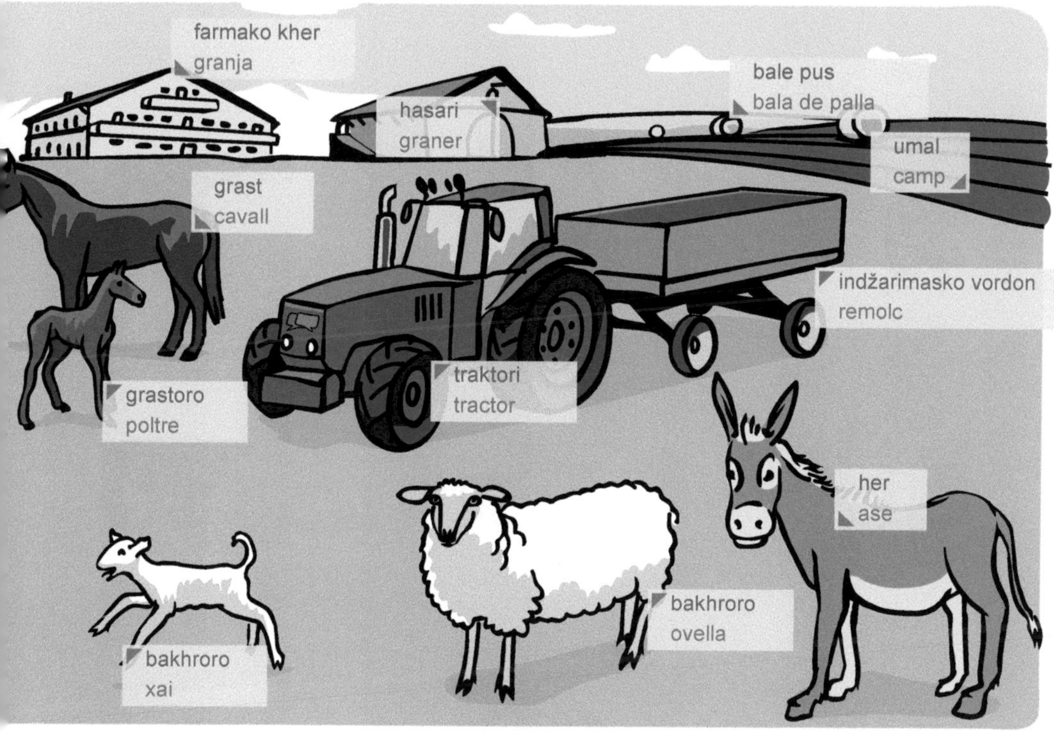

farmako kher
granja
hasari
graner
bale pus
bala de palla
umal
camp
grast
cavall
indžarimasko vordon
remolc
traktori
tractor
grastoro
poltre
her
ase
bakhroro
ovella
bakhroro
xai

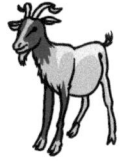

buzno
cabra

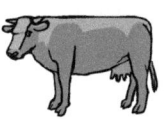

guruvni
vaca

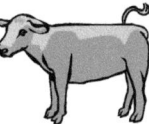

guruvoro
vedella

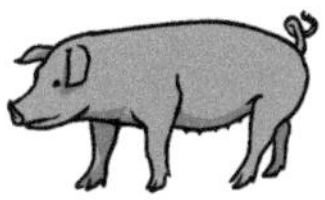

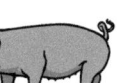

balo
porc

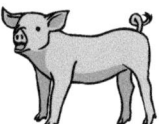

baloro
garrí

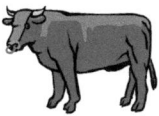

guruv
bou

papin

oca

payka

ànec

pilička

poll

khayni

gall

bašno

gallina

baro germuso

rata

bilika

gat

germuso

ratolí

guruv

bou

džukel

gos

džukelesko kher

gossera

žardina

mànega de regar

panyarimaski kanta

regadora

aindžako kidimasko alati

dalla

plugo

arada

srpo

falç

motika

aixada

aindžaki vilyuška

forca

tover

destral

vordonoro phiravutno

carretó

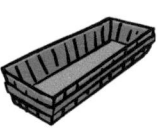

balani

abeurador

thudeski šiša

lletera

harari

sac

trujalutni

tanca

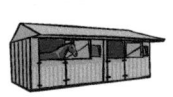

jahri

establa

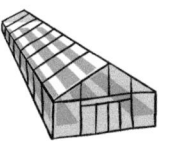

haryalo kher

hivernacle

phuv

sòl

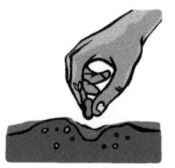

seme

llavor

gyubre

adob

aindžako kidipe

collidora

kidibe aindž

collir

harmani

collita

phuvaki phabaj

nyam

giv

blat

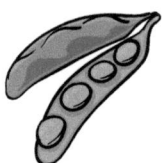

soja

soja

kompiri

patata

mumuruzi

blat de moro o d'indi

šarlagani

colza

emišengo kašt

arbre fruiter

Kasava

mandioca

giveskere javinlukoja

cereals

kher
casa

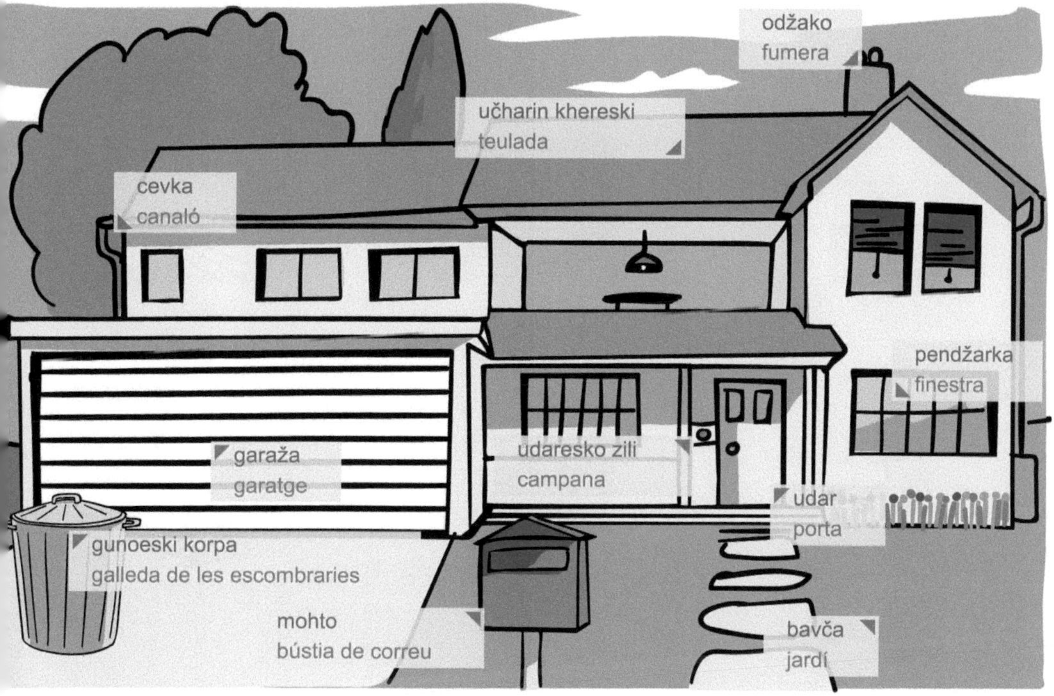

odžako
fumera
učharin khereski
teulada
cevka
canaló
pendžarka
finestra
garaža
garatge
udaresko zili
campana
udar
porta
gunoeski korpa
galleda de les escombraries
mohto
bústia de correu
bavča
jardí

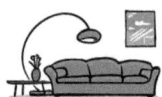

bešimaski kamara

sala d'estar

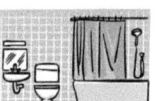

banya

bany

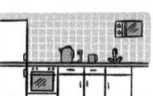

kujna

cuina

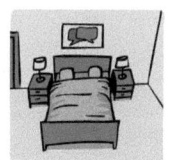

sovimasko than

cambra de dormir

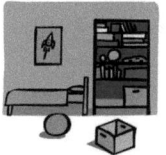

čhavengi kamara

cambra de nen

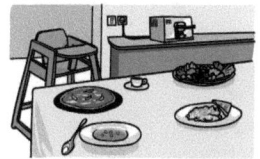

than hajbaske rakjako habe

menjador

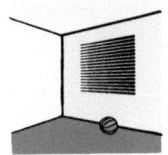

kati

sòl

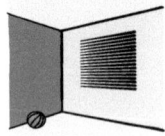

duvari

paret

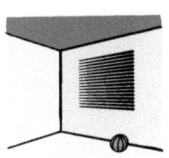

tavano

sostre

špajzi

soterrani

sauna

sauna

terasa

balcó

terasa

terrassa

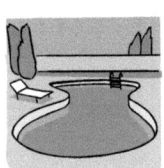

bazeni

piscina

čar harnyarimaski makina

tallagespa

patrin

vànova

čaršafia

cobrellit

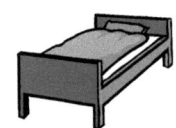

kreveto

llit

šulavni

escombra

korpa

galleda

elektrikani phabarin

interruptor

bešimaski kamara

sala d'estar

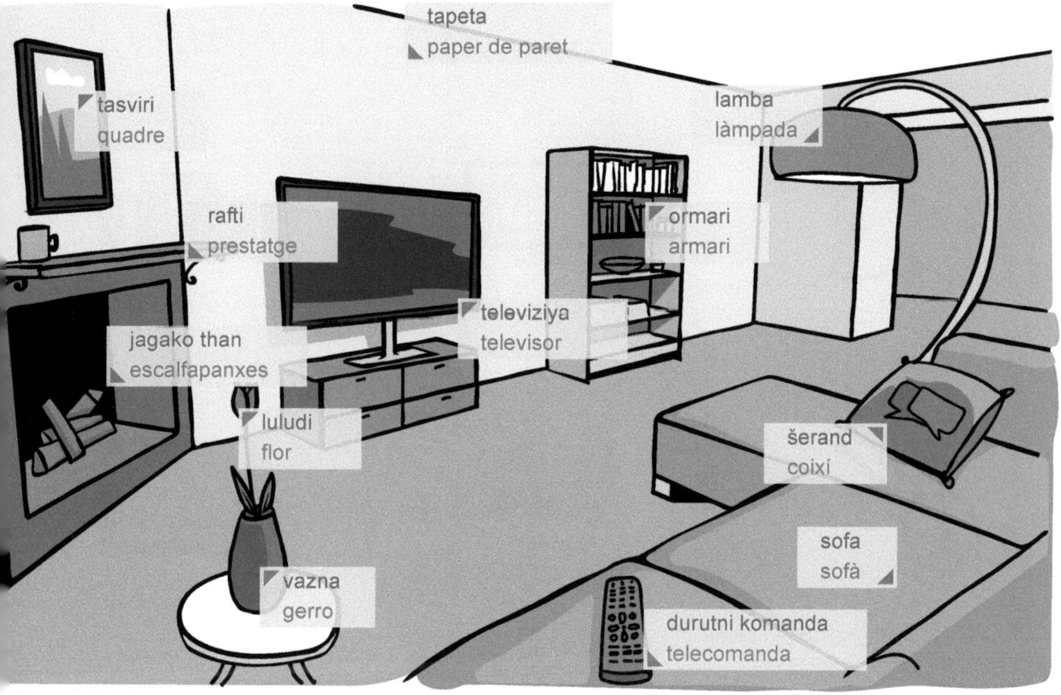
tapeta
paper de paret
tasviri
quadre
lamba
làmpada
rafti
prestatge
ormari
armari
televiziya
televisor
jagako than
escalfapanxes
luludi
flor
šerand
coixí
sofa
sofà
vazna
gerro
durutni komanda
telecomanda

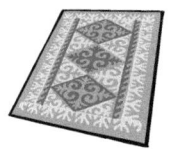

kilimi

catifa

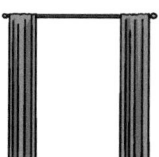

perde

cortina

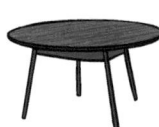

masa

taula

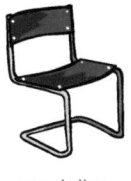

sandaliya

cadira

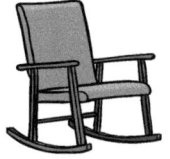

kunajka sandaliya

cadira gronxadora

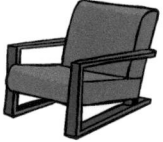

fotelya

cadiral

lil
llibre

kebe
llençol

dekoraciya
decoració

kašta phabarimaske
llenya

filmi
film

stereo ašunimaske butya
cadena de música

nahtari
clau

gazeta
diari

frčaja bojakeribe
pintura

posteri
cartell

radio
ràdio

hramovimasko bloko
bloc de notes

elektrikani šulavni
aspiradora

kaktusi
cactus

momoli
candela

kujna
cuina

frižideri
refrigerador
mikrodalgaki rerna
microones
kujnako kantari
balança de cuina
tosteri
torradora
detergenti
detergent per a plats
furna
forn
hor pahonimaski komora
congelador
gunoeski korpa
galleda de les escombraries
detergenti čarenge
rentaplats

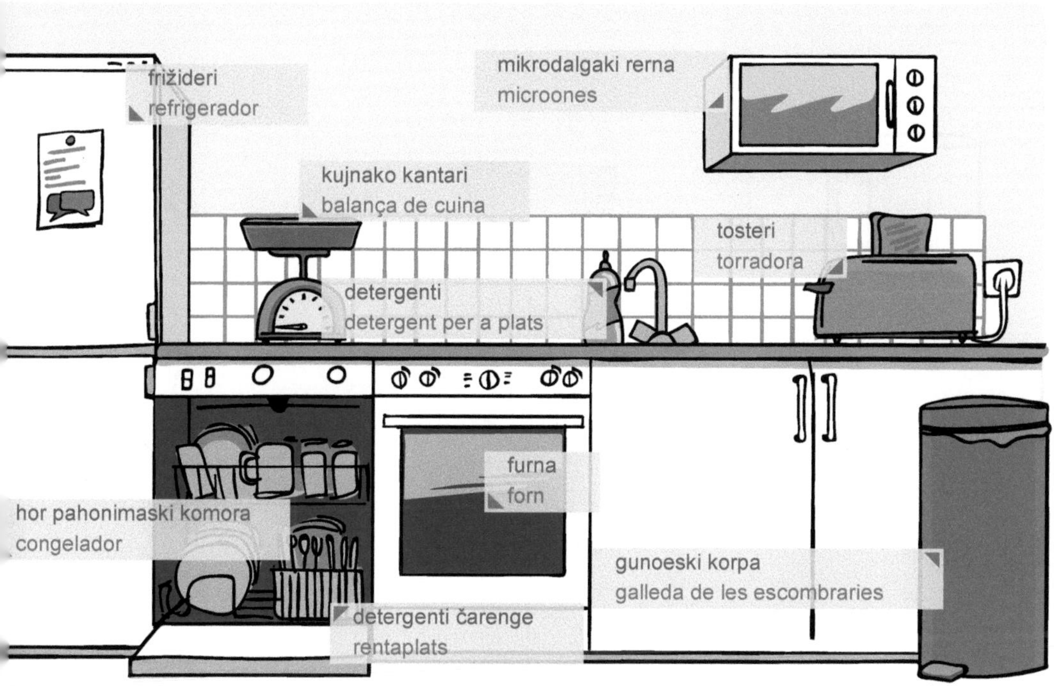

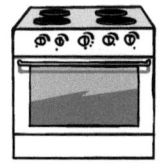

keravimasko than

cuina de fogons

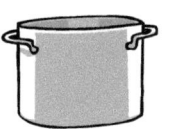

čaro

olla

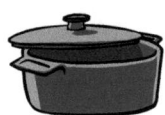

sastrnali tendžera

olla de ferro colat

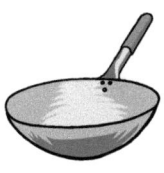

vok cihani

wok / karahi

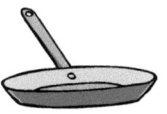

tava

paella

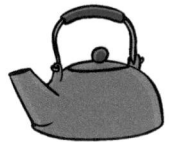

elektrikano bokali

bullidor

tendžera ki para

olla de vapor

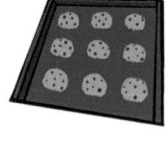

tepsija

plata de forn

čare

vaixella

bareder fildžano

tassa grossa

čaro

bol

kinakere habaskere kaštore

bastonets xinesos

fioka

culler

špatula

espàtula

vastesko mikseri

batedor

cedimasko čaro

colador

porizen

sedàs

rende

ratllador

avano

morter

skara

barbacoa

puteribe jag

foc a terra

čhinimaski tabla

taula de tallar

oklagia

corró

puterimasko alati

llevataps

konzerva

pot de conserva

konzervako puterutno

obridor

čaresko ikerutno

agafador

lavabo

aigüera

frča

raspall

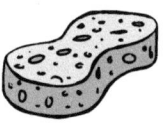

sungeri

esponja

mikseri

batedora

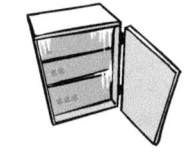

hor pahonimasko frižideri

congelador

bebeski šiša

biberó

češma

aixeta

banya

bany

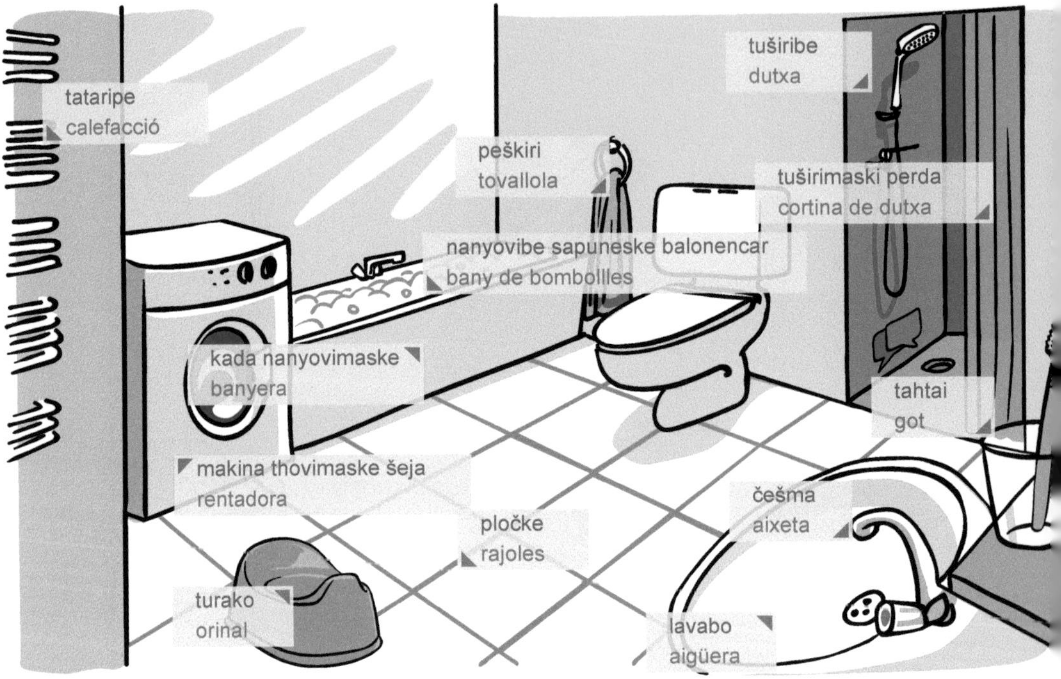

tataripe
calefacció
peškiri
tovallola
tuširibe
dutxa
tuširimaski perda
cortina de dutxa
nanyovibe sapuneske balonencar
bany de bombollles
kada nanyovimaske
banyera
tahtai
got
makina thovimaske šeja
rentadora
češma
aixeta
pločke
rajoles
turako
orinal
lavabo
aigüera

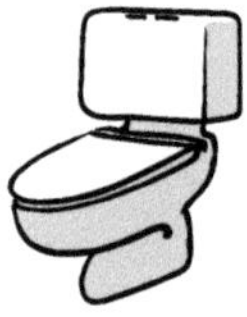

toaleti

lavabo

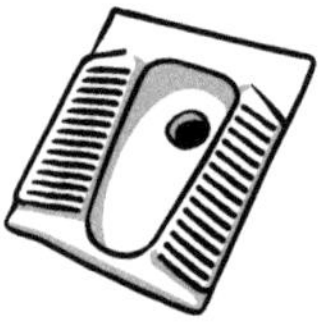

toaleti bešimasa ko pundre

lavabo turc

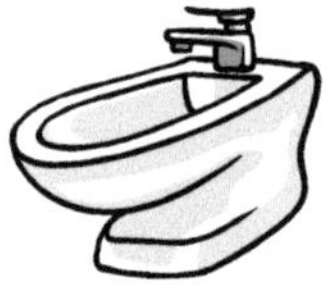

bide

bidet

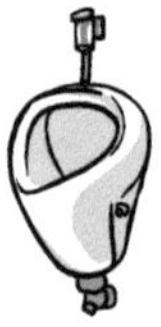

pisoari

orinador

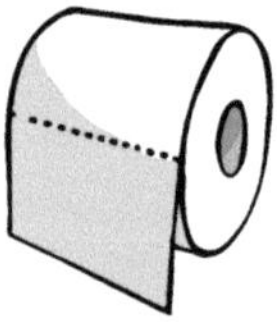

toaletesko lil

paper higiènic

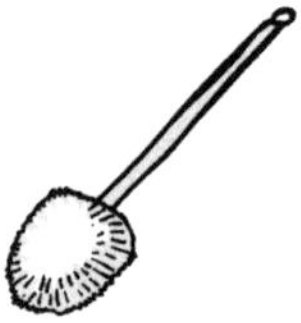

frča toaleteske

escombreta de sanitari

danda thovimaski frča
raspall de dents

danda thovimaski krema
pasta de dents

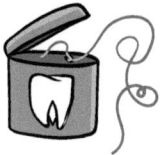

dandesko thav
fil dental

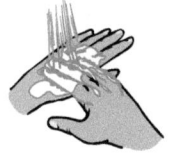

thovibe danda
rentar

vasteskoro tuši
pom de dutxa

tuši
dutxa íntima

lavabo
rentamans

dumeski frča
raspall per a l'esquena

sapuni
sabó

tuširimasko geli
gel de dutxa

šamponi
xampú

flanela
manyopla de bany

kada ćidimaske pani
bonera

krema
crema

dezodoransi
desodorant

ajna

mirall

vasteski ajna

mirall-espill de mà

žileti moravimaske

maquineta de rasar

moravimaski pena

espuma de barbejar

palal muravimaski krema

loció post-rasada

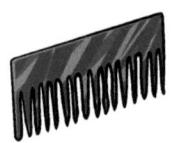

kanglik

pinta

frča

raspall

feni balenge

eixugador

sprej balenge

laca

šminka

maquillatge

karmini

pintallavis

oja najenge

esmalt d'ungles

pamuko pošom

cotó

kata najenge

tallaungles

parfemi

perfum

gono thovimaske

estoig de bellesa

sandaliya

tamboret

tereziya

bàscula

bademantili

barnús

gumena kalcunya

guants de goma

tamponi

compresa higiènica

toaletno lil

compresa

hemikano toaleti

sanitari químic

čhavengi kamara
cambra de nen

alarmesko sato
despertador
mangli khelutni
animal de peluix
vordonora khelimaske
auto de joguina
tropalka
sonall
bebedžikongo kher
casa de nines
bakšiši
present

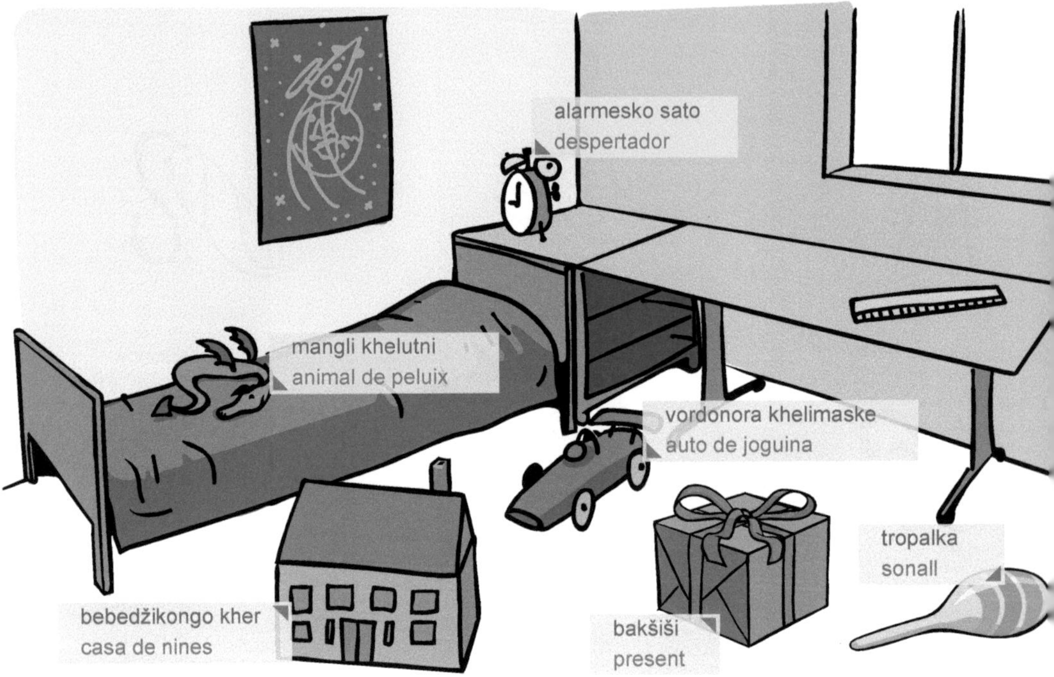

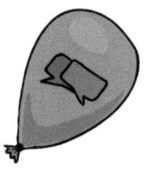

baloni

baló

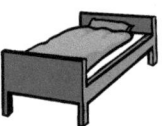

kreveto

llit

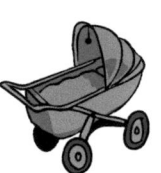

bebengo vordon

cotxet per a nens

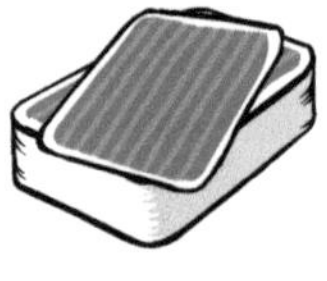

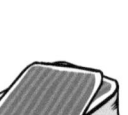

špili karte

joc de cartes

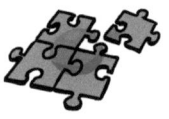

ker-rumin khelin

trencaclosca

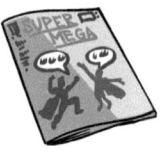

komikano lil

historieta

lego kocke

peces de lego

kocke khelimaske

peces de construcció

akciaki figura

ninot d'acció

bodi bebeske

granota

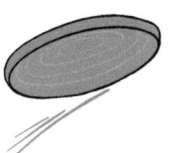

frizbi

frisbee

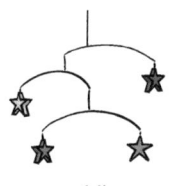

mobile

mòbil per a bressol

masa khelimaske

joc de taula

zari

daus

pampuri khelimaske

tren elèctric

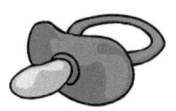

cucla

xumet

bahlana

festa

tasvirengo lil

llibre de dibuixos

topka

pilota

bebedžiko

nina

khelibe

jugar

pošikako than
....
sorrera

kuna
....
gronxador

khelimaske butya
....
joguines

konzola video khelimaske
....
consola de jocs de vídeo

triciklo
....
tricicle

poftaneski ričini
....
osset de peluix

garderoba
....
armari

šeja
roba

kalcunya
....
mitjons

khuvde kalcunya
....
mitges

hulahopke
....
mitja pantaló

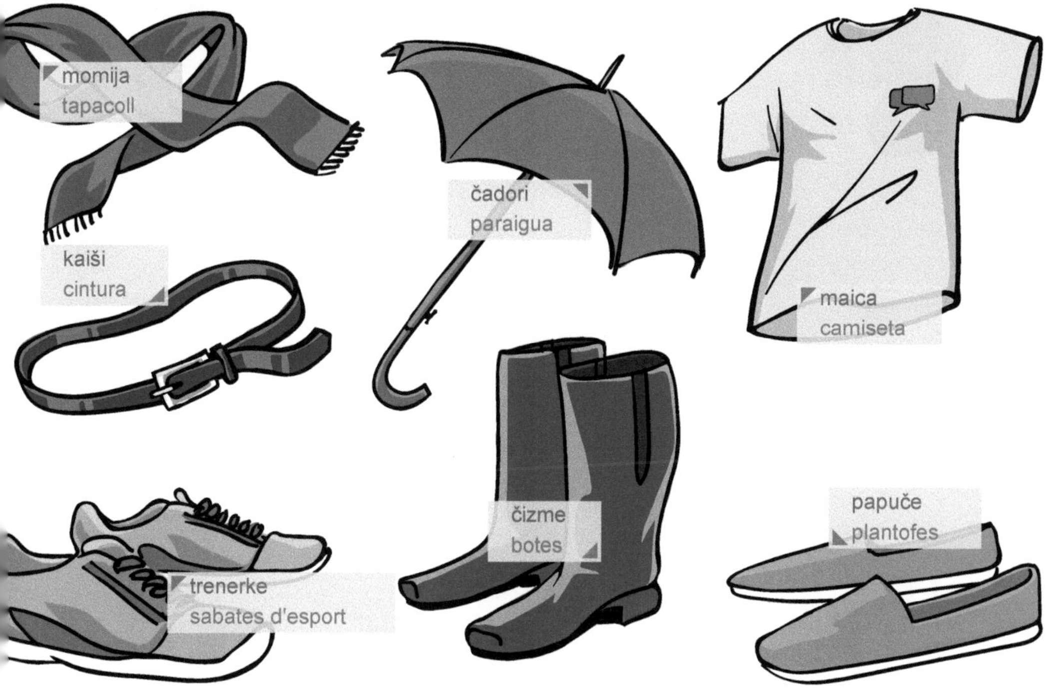

momija
tapacoll

kaiši
cintura

čadori
paraigua

maica
camiseta

čizme
botes

papuče
plantofes

trenerke
sabates d'esport

sandale
....
sandàlies

menije
....
sabates

gumena čizme
....
botes de goma

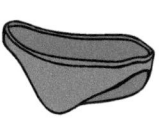

sostenya
....
calçonets

eleko
....
sostenidor

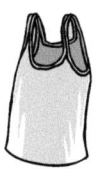

jeleko
....
guardapits

bodi

jjustacòs

pantalonya

pantalons

farmerke

jeans

suknya

faldeta

bluza

brusa

gat

camisa

puloveri

jersei

dukseri

dessuadora

harno kaputi

blazer

džeketi

jaqueta

kaputi

mantell

biršimdesko mantili

impermeable

kostimi

vestit de dona

fustano

vestit de dona

prandinako fustano

vestit de núvia

kostumi

vestit d'home

rakjako fustano

camisa de dormir

pižame

pijama

sari

sari

momija šereske

mocador de cap

turbani

turbant

burka

burca

kaftani

caftan

abaya

abaia

nangyovimaske šeja

vestit de bany

buxle pantolonya

calçon(et)s de bany

harne pantolonya

pantalons curts

sporteske trenerke

xandall

kecelya

davantal

vasteske kalcunya

guants

kopča

botó

gjuzlukya

ulleres

belegziya

braçalet

mirikle

collaret

angrustik

anell

čeni

orellera

stadik

casquet

kaputeski čiviya

penjador

stadik

capell

kravata

corbata

patenti

cremallera

kaciga

casc

dandenge proteze

elàstics

školaki uniforma

uniforme escolar

uniforma

uniforme

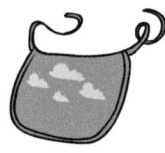

ligarka

pitet

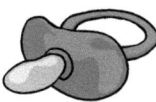

cucla

xumet

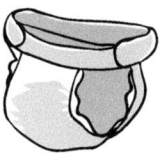

pherno

bolquer

ofiso

oficina

serveri
servidor
raftija dokumentenca
armari arxivador
printeri
impressora
lil
paper
monitori
monitor
mausi
ratolí
masa butyake
escriptori
folderi
arxivador
tastatura
teclat
korpa čhudimaske lila
paperera
sandaliya
cadira
kompjuteri
ordinador

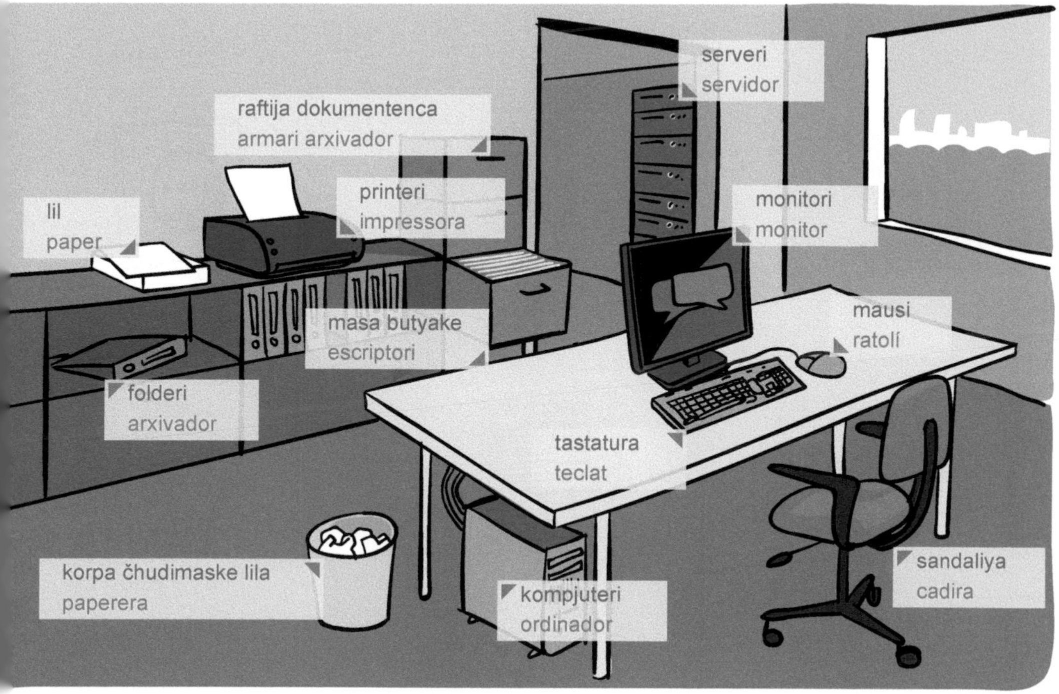

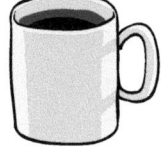

fildžano kafake

tassa de cafè

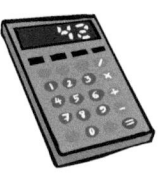

kalkulatori

calculadora

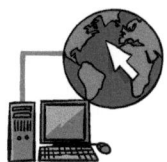

internet

Internet

laptop

ordinador portàtil

lil

lletra

mesaži

missatge

mobilno telefono

mòbil

netvorko

xarxa

kopirimaski makina

fotocopiadora

softveri

programari

telefono

telèfon

štekeri

presa de corrent

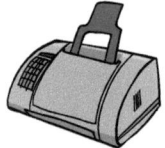

faks makina

fax

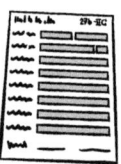

formulari

formulari

dokumento

document

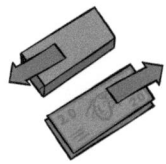

kinibe

comprar

pokinibe

pagar

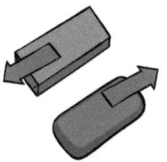

kino-bikinibe

comerciar

love

diners

dolari

dòlar

euro

euro

jeni

ien

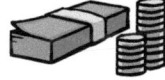

rublya

ruble

švajcariako franko

franc suís

renminbi juan

renminbi

rupija

rupia

lovengo automati

caixa automàtica

biro baši devize

oficina de canvi

somnakaj

or

rup

argent

petroli

petroli

energia

energia

fiyati

preu

kontrakto

contracte

taksa

impost

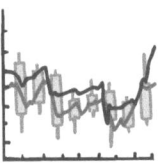

berzaki akcija

acció

butikeribe

treballar

butyarno

treballador

butyako dendutno

empresari

fabrika

fàbrica

dukyano

botiga

profesie
oficis

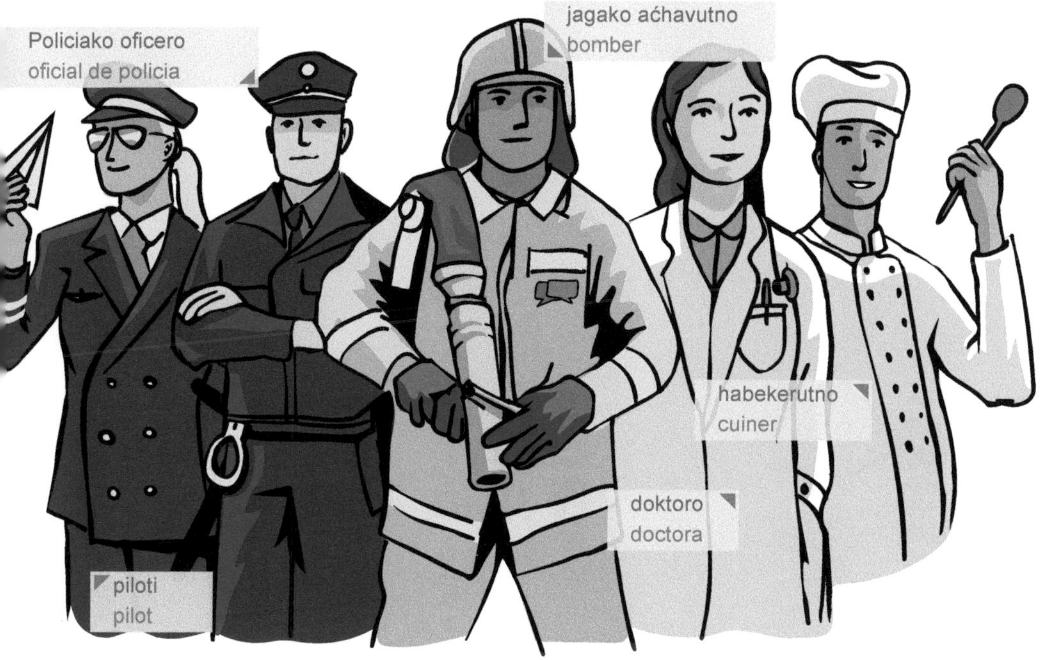

Policiako oficero
oficial de policia
jagako aćhavutno
bomber
habekerutno
cuiner
doktoro
doctora
piloti
pilot

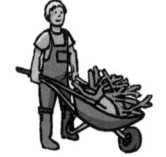

bavčako butyarno

jardiner

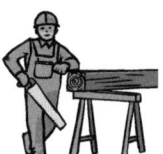

tišleri

fuster

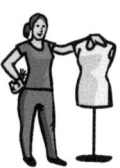

šnajderka

costurera

krisuno

jutge

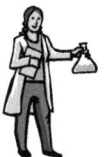

hemičari

química

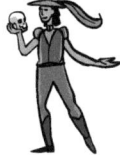

akteri

actor

autobusesko šoferi

conductor d'autobús

taksisti

taxista

mačhengo astarutno

pescador

užarutni

dona de la neteja

učharinengo kerutno

ensostrador

kelneri

cambrer

avdžija

caçador

tasvirkerutno

pintor

furnadžia

forner

elektrikako phirno

electricista

tamirutno

obrer de la construcció

inžinjeri

enginyer

kasapi

carnisser

panjesko butyarno

llanterner

poštari

correu

askeri

soldat

arhitekto

arquitecte

kasieri

caixera

luludyari

florista

frizeri

perruquer

kondukteri

revisor

mekanisti

mecànic

kapetani

capità

dandengo saslyarno

dentista

vigjanalo manuš

científic

rabini

rabí

imami

imam

rašaj

monjo

rašaj

capellà

alatia
eines

čekiči
martell
silavja
tenalles
šrafcigeri
descaragolador
mekanikane nahtaria
clau anglesa
fakeli
llanterna

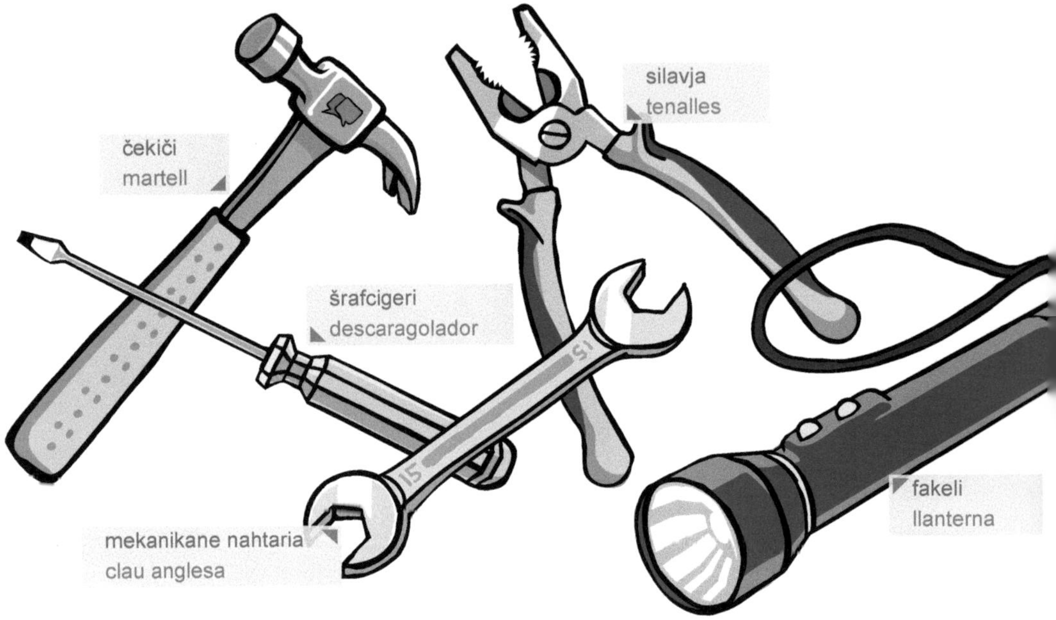

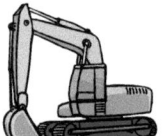

hrandimasko alati
excavadora

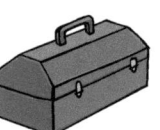

alateski kutia
caixa d'eines

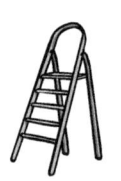

merdeveni
escala

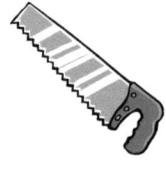

pila
serra

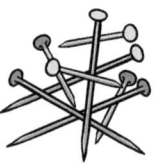

karfa
claus

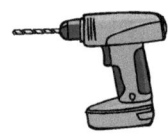

posavin
trepant

lačharkeribe
reparar

lopata
pala

Naleti!
Maleït siga!

vatrali
pala

lonco bojimaske
pot de pintura

šrafja
caragols

muzikane instrumentia
instrument de música

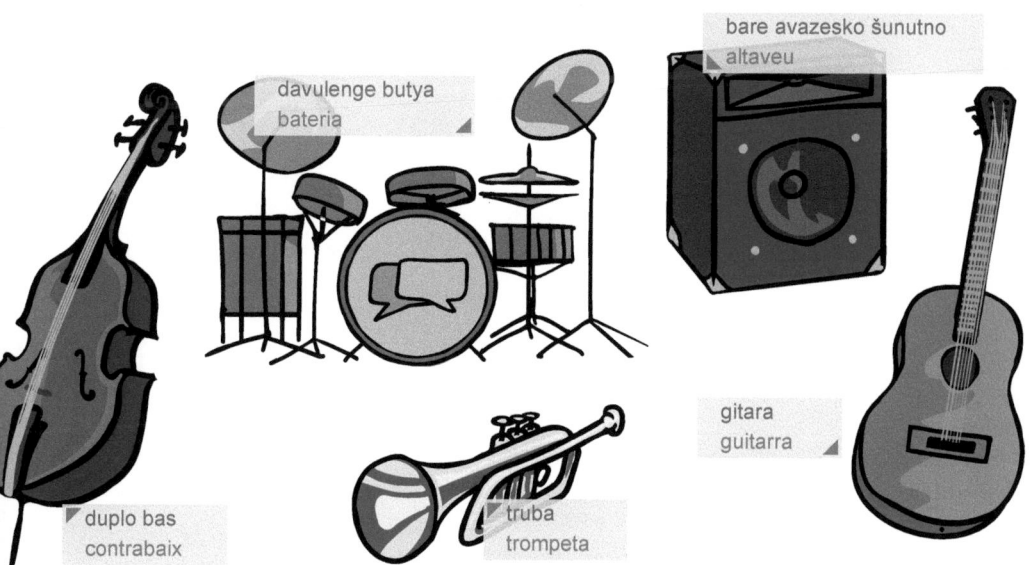

bare avazesko šunutno
altaveu

davulenge butya
bateria

gitara
guitarra

duplo bas
contrabaix

truba
trompeta

piano

piano

kemana

violí

bas

baix

timpani

timbal

davulia

tambor

sintisajzeri

teclat

saksafoni

saxofon

flejta

flauta

mikrofoni

micròfon

khuvin
entrada

tigari
tigre

kafezi
gàbia

zebra nakhimaski
zebra

hajvanengo parvaripe
aliment per a animals

panda
ós panda

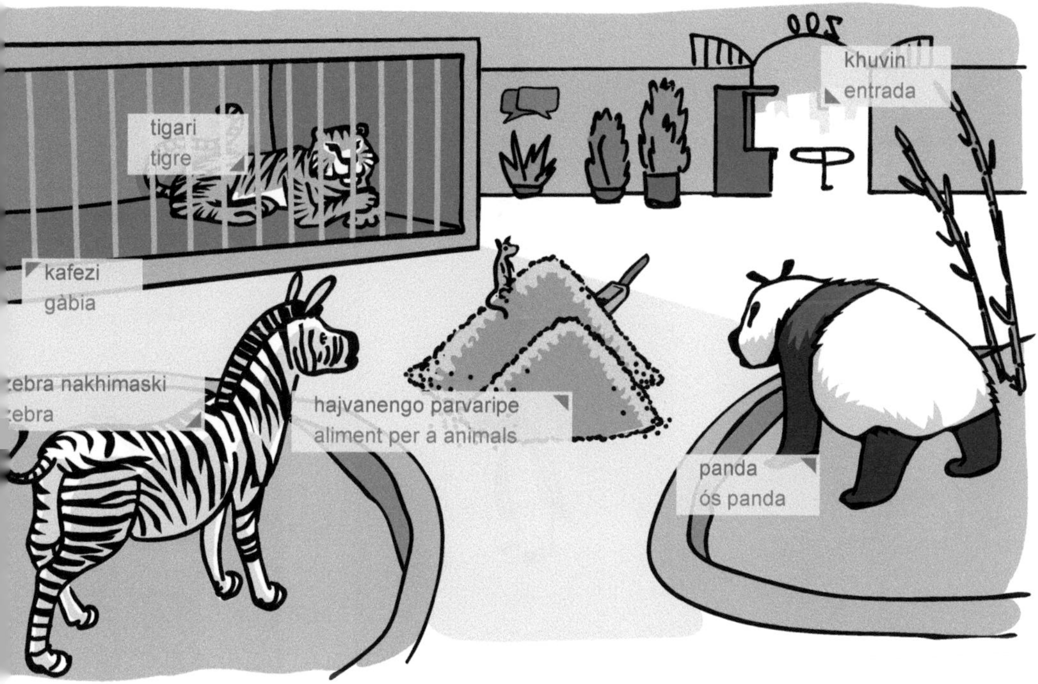

hajvania

animals

elefanti

elefant

kenguri

cangurú

rino

rinoceront

gorila

goril·la

ričini

ós

kamila

camell

ostriga

estruç

aslani

lleó

majmuni

simi

flamingo

flamenc

papagali

papagai

polarno ričini

ós polar

pingvini

pingüí

ajkula

ca mari

pauno

paó

sap

serp

krokodilo

cocodril

zoo arakhutno

guardià del zoo

foka

foca

jaguari

jaguar

poni
poni

leopardi
lleopard

hipo
hipopòtam

žirafa
girafa

zorale kandžengi paškin
àliga

bali
senglar

mačho
peix

želka
tortuga

morži
morsa

lumri
guineu

gazela
gasela

Amerikako fudbali
futbol americà

biciklizmo
ciclisme

tenis
tenis

basketboli
bàsquet

nangjovibe
natació

boksi
boxa

hokej ko paho
hoquei sobre gel

fudbali
....
futbol americà

badmington
....
bàdminton

atletika
....
atletisme

vasteskoboli
....
handbol

skiibe
....
esquí

polo
....
polo

aktivitetia
activitats

asaibe
riure
hutibe
saltar
deibe angali
abraçar
phiribe
anar
giljavibe
cantar
dikhibe suno
somiar
azirikeribe
pregar
čumibe
fer un petó

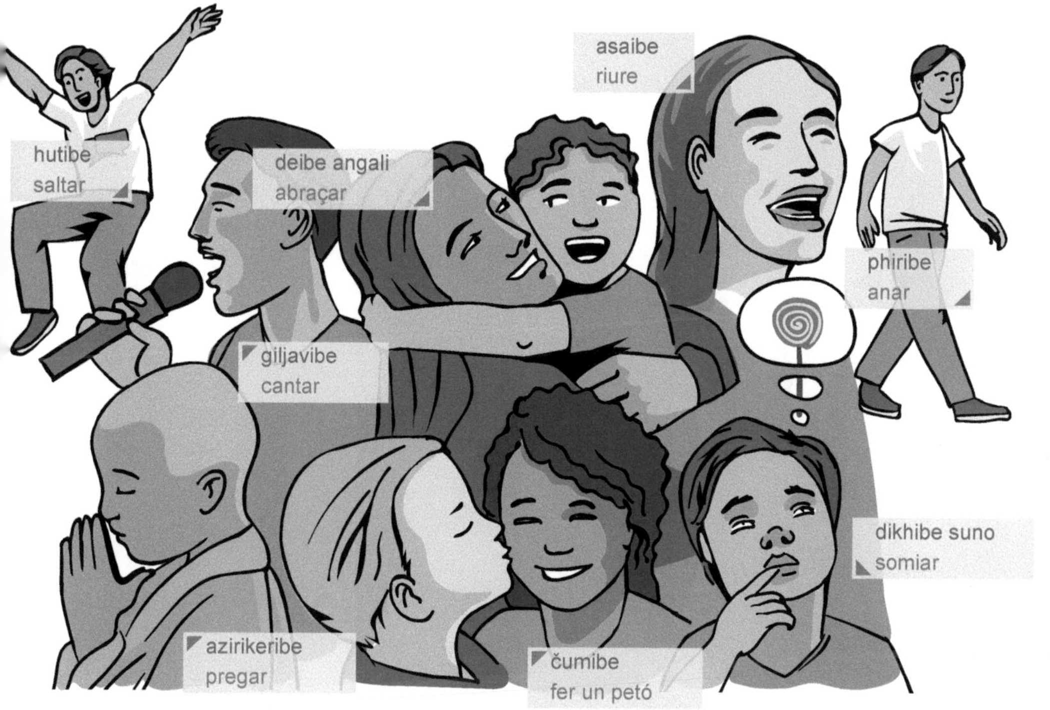

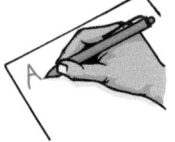

hramovibe

escriure

čitribe

dibuixar

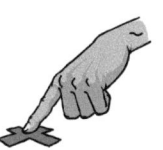

sikavibe

mostrar

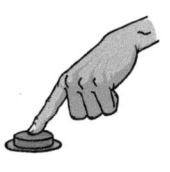

cidljaribe

pitjar

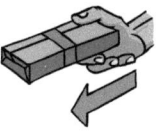

deibe

donar

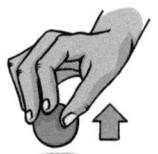

leibe

prendre

isibe
tenir

keribe
fer

te ovel
ésser

tergyovibe
estar dret

prastaibe
córrer

cidibe
estirar

čhudibe
llançar

peribe
caure

hovavibe
jeure

adžikeribe
esperar

phiravibe
portar

bešibe
asseure's

urjavibe
vestir-se

sovibe
dormir

džangavibe
despertar-se

dikhibe ko

mirar

rovibe

plorar

čalavibe

amoixar

uhlavibr

pentinar

vakeribe

parlar

haljovibe

comprendre

puč

demanar

šunibe

escoltar

piibe

beure

habe

menjar

užaribe

endreçar

kamibe

estimar

keribe habe

cuinar

paldibe vordon

conduir

urjalibe

volar

vaporea džaibe

navegar

kalkulirin

calcular

drabaribe

llegir

sikljovibe

aprendre

butikeribe

treballar

prandibe

casar-se

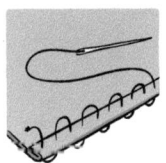

suvibe

cosir

thovibe danda

raspallar-se les dents

mudaribe

matar

piibe dahani

fumar

bičhalibe

enviar

mami
ávia

papu
avi

dat
pare

daj
mare

bebe
nadó

čhaj
filla

čhavo
fill

misafiri

convidat

bibi

tia

kako

oncle

phral

germà

phen

germana

trupo

cos

čekat
front
jakh
ull
piko
espatlla
naj
dit
muj
cara
vilica
barbeta
vast
mà
pundro
cama
čuči
pit
musik
braç

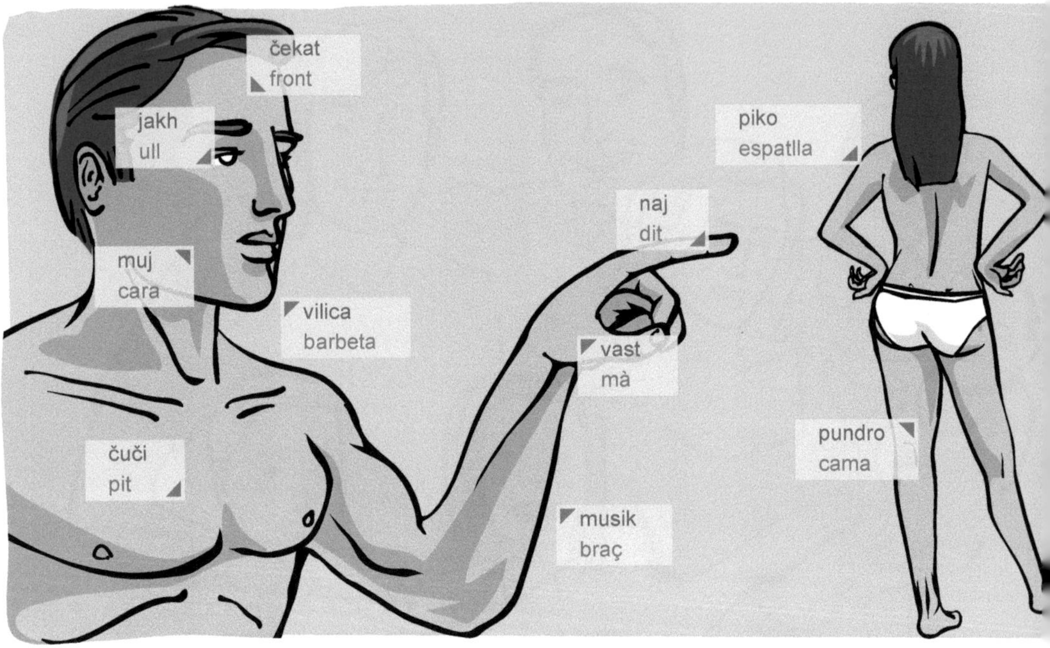

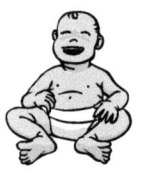

bebe

nadó

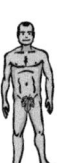

murš

home

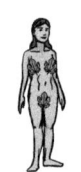

džuvli

dona

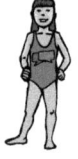

čhaj

noia

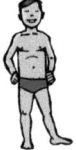

ćhavo

noi

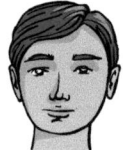

šero

cap

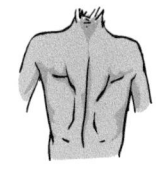

dumo

esquena

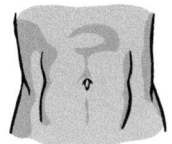

maškar

panxa

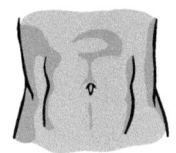

pupko

melic

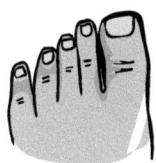

pundrenge naja

dit gros del peu

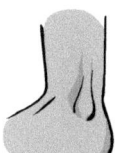

patum

taló

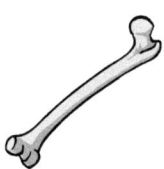

kokalo

os

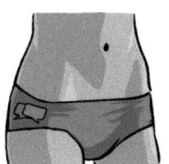

kuko

maluc

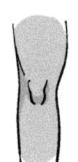

koč

genoll

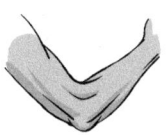

lahci

colze

nakh

nas

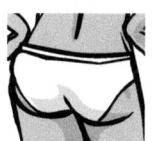

bul

cul

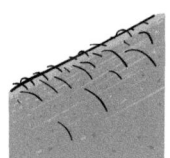

mortik

pell

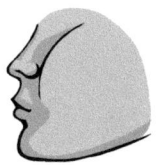

čham

galta

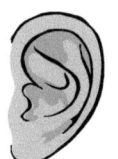

kan

orella

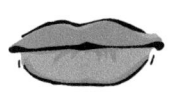

voš

llavi

muj

boca

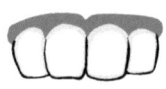

danda

dent

ćhib

llengua

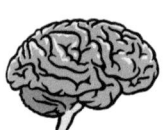

godi

cervell

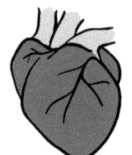

vilo

cor

muskulo

múscul

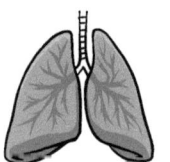

kolin

pulmó

bukó

fetge

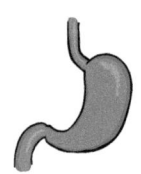

vogi

estómac

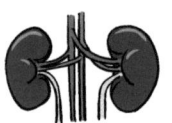

bubrekora

ronyó

seks

relació sexual

kondomi

preservatiu

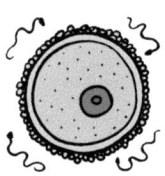

yarengi kletka

ovari

sperma

semen

khamnipe

prenyat

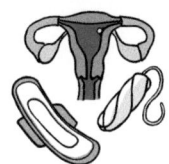

menstruaciya

menstruació

vagina

vagina

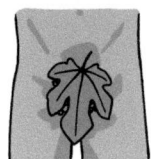

penis

penis

phov

cella

bala

cabells

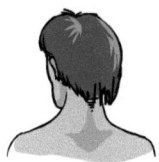

men

coll

hospitalo
hospital

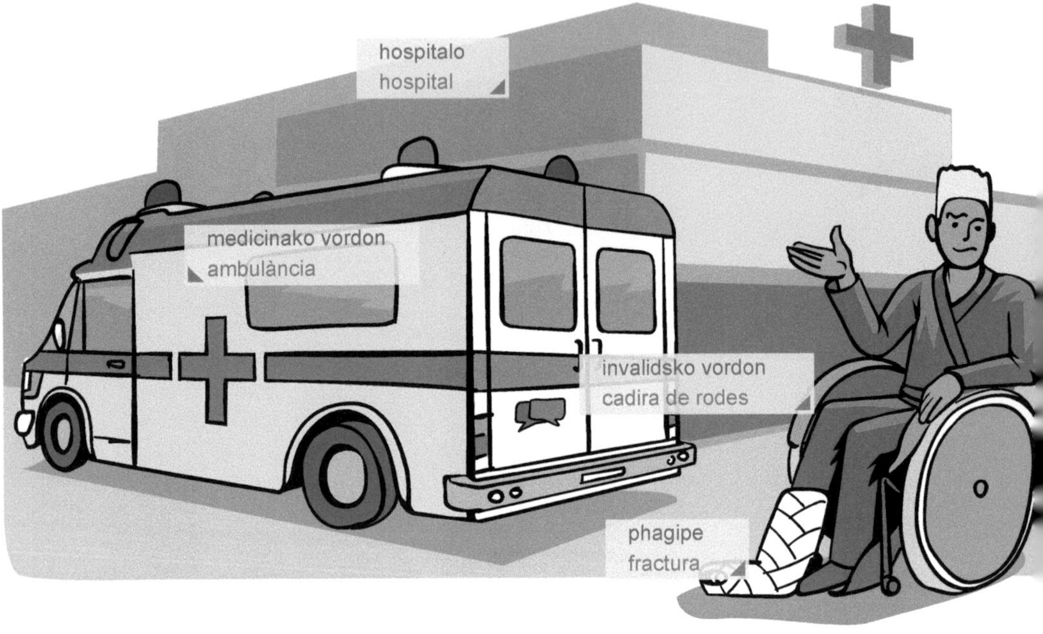

hospitalo
hospital
medicinako vordon
ambulància
invalidsko vordon
cadira de rodes
phagipe
fractura

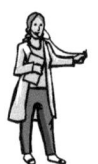

doktoro

doctora

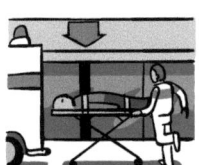

sigyarimaski kamara

sala d'urgències

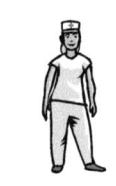

medicinaki phen

infermera

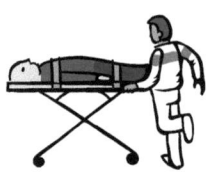

sigyaripen

urgència

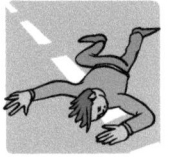

ki koma

inconscient

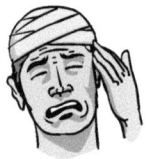

dukh

dolor

dukhavipen

ferida

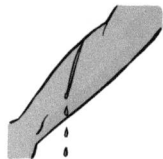

ratvaripe

sagnament

infrakto

atac de cor

šlog

apoplexia

alergiya

al·lèrgia

khuinibe

tos

tinanipe

febre

gripa

gripa

diyarea

diarrea

šereski dukh

mal de cap

kanceri

càncer

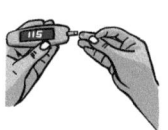

diyabetes

diabetis

operaciya

cirurgià

skalperi

escalpel

operaciya

operació

CT
tomografia computada (TC), TAC

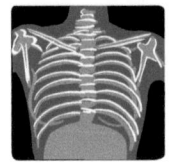

rentgen
raigs x

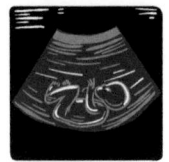

ultra avazo
ultrasò

mujeski maska
mascareta

nasvalipe
malaltia

adžukyarimasko than
sala d'espera

paterica
crossa

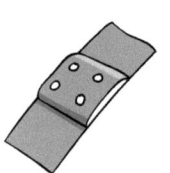

flastero
tireta

phandimaski gaza
embenat

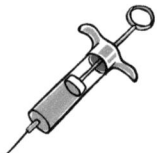

inyekciya
injecció

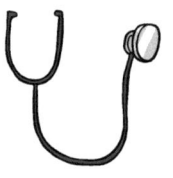

stetoskopo
estetoscopi

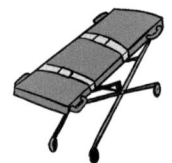

tregero
llitera

klinicko termometro
termòmetre clínic

biyanipe
pariment

baro thulipe
sobrepès

ašunimasko aparato

aparell auditiu

dezinfekciako

desinfectant

infekciya

infecció

viruso

virus

HIV / SIDA

VIH / SIDA

medicina

medicina

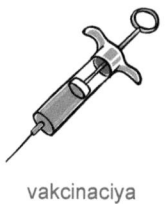

vakcinaciya

vaccí

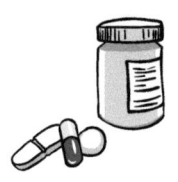

tabletura

comprimits

hapi

píl·lola

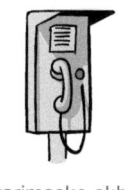

gyarimasko akharipe

trucada d'urgència

monitori vaš učo pretisak

tensiòmetre

nasvalo / sasto

malalt / sà

Mažutisar!

Socors!

alarmo

alarma

atako

assalt

atako

atac

dar buti

perill

sigyarimasko iklyovipen

sortida-eixida d'urgència

Bari jag!

Foc!

mamuj jagako aparati

extintor

bibax

accident

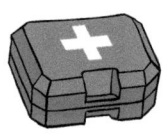

butya avgo ažutimaske

farmaciola de primers
auxilis

SOS

SOS

Policia

policia

Evropa

Europa

Utarali Amerika

Amèrica del Nord

Purabali Amerika

Amèrica del Sud

Afrika

Àfrica

Azija

Àsia

Australia

Austràlia

Atlantiko

Atlàntic

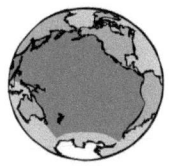

Pacifiko

Pacífic

Indiako Okeano

Oceà Índic

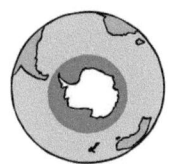

Antarktikosko Okeano

Oceà Antàrtic

Arktikosko Okeano

Oceà Àrtic

Utaralo poli

pol nord

Purabalo poli

pol sud

Antarktiko

Antàrtida

phuv

terra

phuv

país

samudra

mar

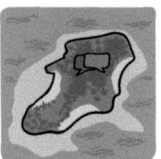

džaziri

illa

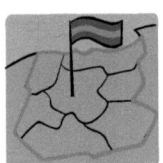

nacija

nació

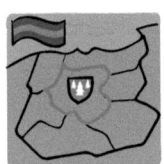

raštra

estat

saatosko gendo

quadrant

saatoski sikavni

agulla de les hores

dakikongi sikavni

agulla dels minuts

undarno saatoski sikavin

agulla dels segons

Kozom si o saato?

Quina hora és?

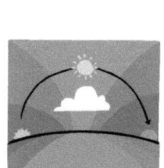

dive

dia

vrama

temps

akana

ara

digitalno saato

rellotge digital

dakika

minut

časo

hora

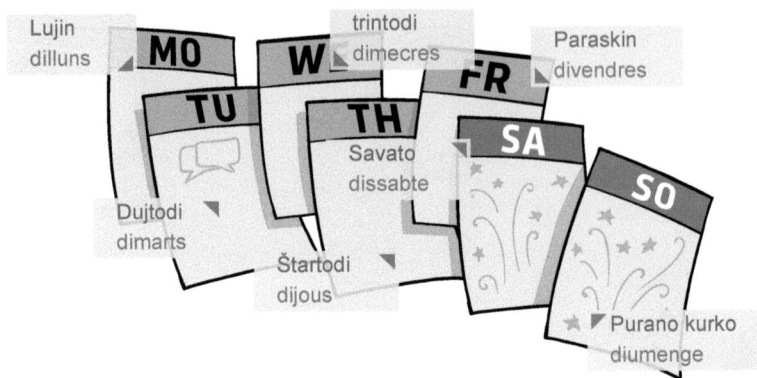

Lujin / dilluns — MO
trintodi / dimecres — W
Paraskin / divendres — FR
TU
TH / Savato / dissabte
SA
SO
Dujtodi / dimarts
Štartodi / dijous
Purano kurko / diumenge

erati

ahir

avdive

avui

tajsa

demà

javin

matí

ekvaš dive

migdia

blevel

tarda

MO	TU	WE	TH	FR	SA	SU
1	2	3	4	5	6	7
8	9	10	11	12	13	14
15	16	17	18	19	20	21
22	23	24	25	26	27	28
29	30	31	1	2	3	4

butyarne divesa

dia feiner

MO	TU	WE	TH	FR	SA	SU
1	2	3	4	5	6	7
8	9	10	11	12	13	14
15	16	17	18	19	20	21
22	23	24	25	26	27	28
29	30	31	1	2	3	4

vikend

cap de setmana

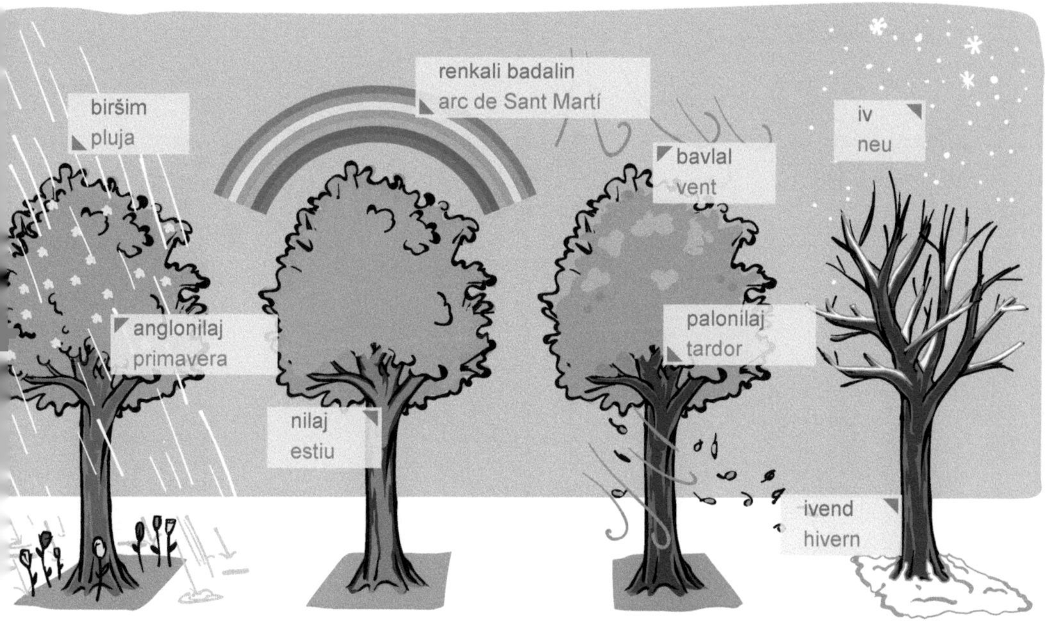

biršim
pluja
renkali badalin
arc de Sant Martí
bavlal
vent
iv
neu
anglonilaj
primavera
nilaj
estiu
palonilaj
tardor
ivend
hivern

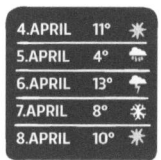

4.APRIL 11°
5.APRIL 4°
6.APRIL 13°
7.APRIL 8°
8.APRIL 10°

vramakoro vakeribe

pronòstic del temps

F C
120 40
90 30
60 20
30 10
0 0
-30 -10
-20

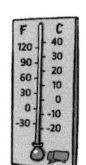

termometro

termòmetre

khamalo

llum del sol

badal

núvol

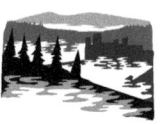

muhi

boira

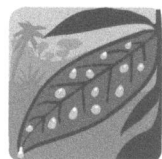

nemlime hava

humiditat de l'aire

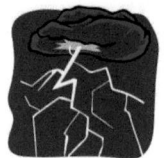

šemšekoja

llamp

šemšekosko čalavibe

tro

bura

tempesta

kijameti

calamarsa

monsuni

monsó

baro pani

inundació

paho

gel

Januaro

gener

Februaro

febrer

Marto

març

Aprilo

abril

Majo

maig

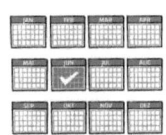

Juno

juny

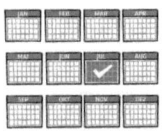

Julo

juliol

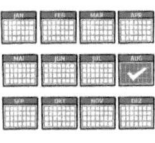

Augusto

agost

Septembro
....
setembre

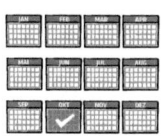

Oktombro
....
octubre

Novembro
....
novembre

Dekembro
....
desembre

rota
....
cercle

kvadrati
....
quadrat

rektanglo
....
rectangle

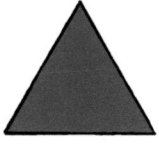

trianglo
....
triangle

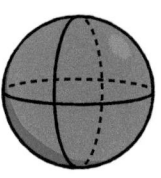

sfera
....
esfera

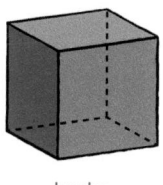

kocka
....
cub

parni

blanc

galbeno

groc

pomarandža

taronja

roze

rosa

loli

vermell

lila

lila

vunato

blau

harjali

verd

kafeno

marró

kuršumlija

gris

kali

negre

but / hari

molt / poc

holjame / mudro

emprenyat / tranquil

šuži / bišuži

bonic / lleig

starto / agor

començament / fi

baro / tikno

gran / petit

puterde bojako / phanle bojako

clar / fosc

phral / phen

germà / germana

užo / melalo

net / brut

sahno / bisahno

complet / incomplet

dive / rat

dia / nit

mulo / dživdo

mort / viu

buvlo / tank

ample / estret

hala pe / na hala pe
....
comestible / immenjable

džungalo / šukar
....
dolent / amable

bare vogjea / bi vogjea
....
entusiasmat / entediat

thulo / kišlo
....
gros / prim

avgo / paluno
....
primer / darrer

amal / dušmani
....
amic / enemic

pherdo / čučo
....
ple / buit

zoralo / kovlo
....
dur / tou

pharo / lokho
....
pesant / lleuger

bokh / truš
....
gana / set

nasvalo / sasto
....
malalt / sà

ilegalno / legalno
....
il·legal / legal

godyaver / bigodyako
....
intel·ligent / ximple

bajan / dahin
....
esquerra / dreta

paše / dur
....
prop / llunyà

nevo / purano

nou / usat

khanči / vareso

res / quelcom

phuro / terno

vell / jove

phabardo / ačhavdo

encès / apagat

puterdo / phanlo

obert / tancat

mudro / bare avazeskoro

silenciós / sorollós

barvalo / čorolo

ric / pobre

čačutno / došalo

correcte / incorrecte

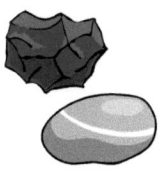

zoralo / kovlo

aspre / suau

mazuni / lošalo

trist / content

skurto / lungo

curt / llarg

pohari / sigate

lent / ràpid

sapano / šuko

humit / sec - eixut

tato / šudro

calent / fred

mareba / sansari

guerra / pau

0

zero

zero

1

jek

u

2

duj

dos

3

trin

tres

4

štar

quatre

5

panč

cinc

6

šov

sis

7

efta

set

8

ohto

vuit

9

enja

nou

10

deš

deu

11

dešujek

onze

12
dešuduj

dotze

13
dešutrin

tretze

14
dešuštar

catorze

15
dešupanč

quinze

16
dešušov

setze

17
dešefta

disset

18
dešohto

divuit

19
dešenja

dinou

20
biš

vint

100
šel

cent

1.000
milja

mil

1.000.000
milioni

milió

Anglicko

anglès

Americko Anglicko

anglès americà

Kinesko Mandarinsko

xinès mandarí

Indisko

hindi

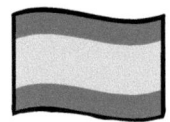

Špansko

espanyol

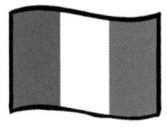

Francusko

francès

Arapsko

àrab

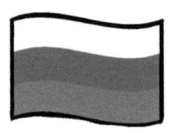

Rusko

rus

Portugalsko

portuguès

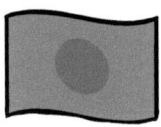

Bengalsko

bengalí

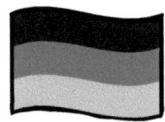

Nemicko

alemany

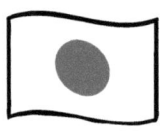

Japansko

japonès

thaj

jo

tu

tu

ov / oj

ell / ella / allò

amen

nosaltres

tumen

vosaltres

ola

ells

ko?

qui?

so?

què?

sar?

com?

kote?

on?

kana?

quan?

anav

nom

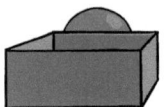

palal

darrere

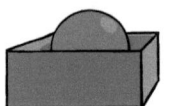

andre

en

anglal o

davant de

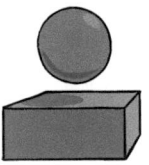

upral

damunt

an

sobre

telal

sota

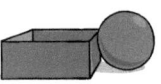

trujal

al costat

maškaral

entre

than

lloc